PUEDO CORRER

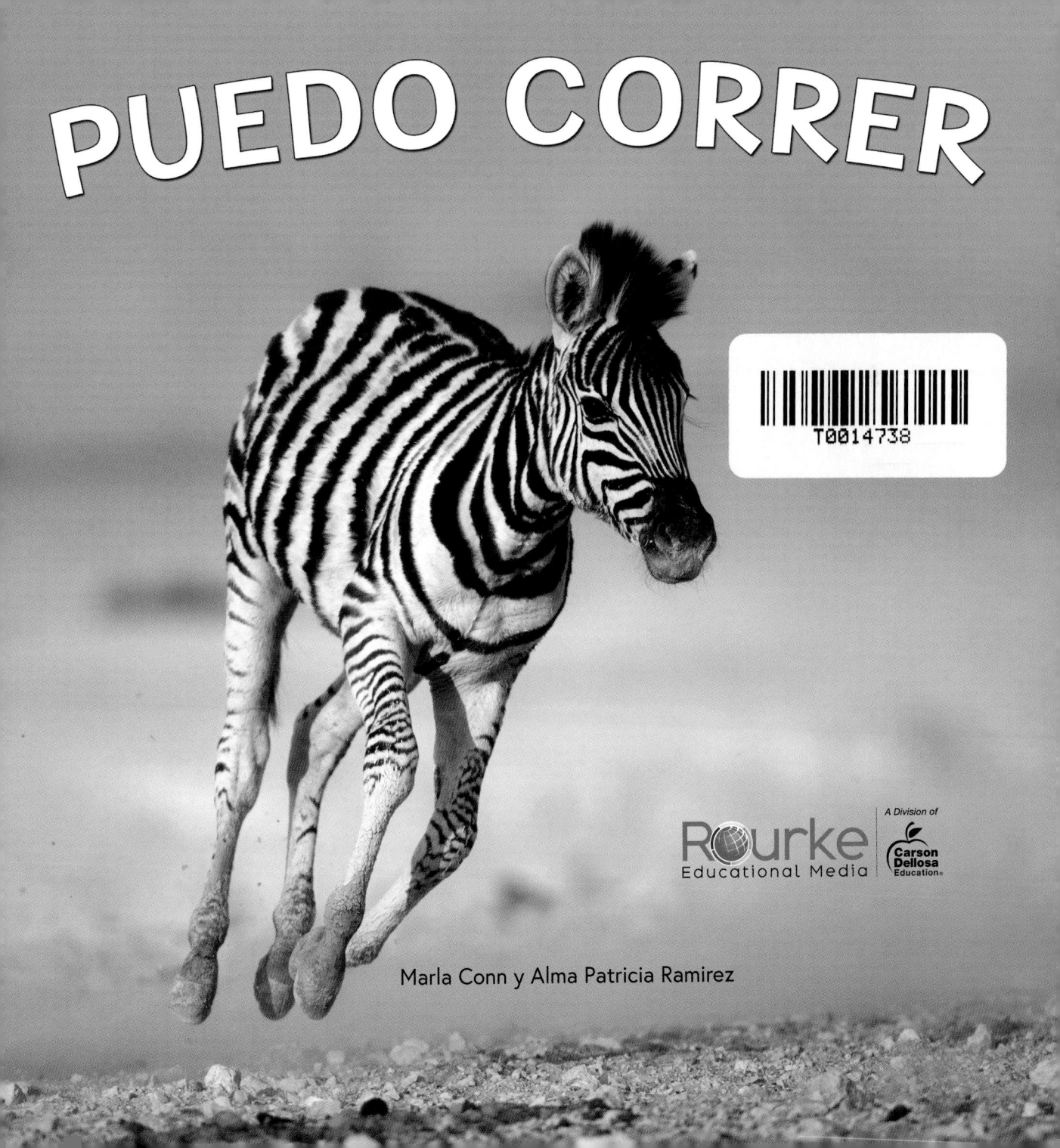

Marla Conn y Alma Patricia Ramirez

Glosario de fotografías

oso

gato

guepardo

zorro

caballo

cebra

Palabras usadas con más frecuencia:

- un
- una
- puede
- correr

Un **gato** puede correr.

gato

Un **caballo** puede correr.

caballo

Una **cebra** puede correr.

cebra

Un **oso** puede correr.

oso

Un **guepardo** puede correr.

guepardo

Un **zorro** puede correr.
zorro

Actividad

1. Menciona todos los animales de la historia que pueden correr.
2. Crea una tabla con la idea principal y los detalles en una hoja de papel.

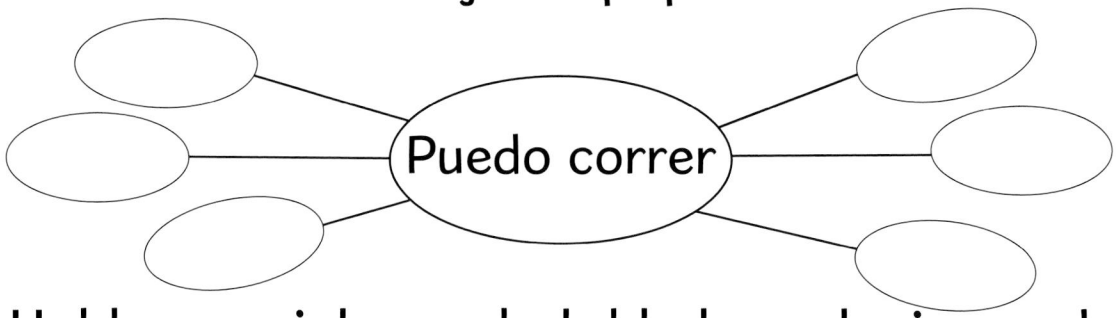

3. Habla y registra en la tabla las relaciones de causa y efecto de por qué los animales corren.
   - se alejan del peligro (presa)
   - atrapan comida (depredador)
   - juegan
   - buscan a su familia
   - hacen ejercicio
4. Escribe una oración acerca de uno de los animales de la historia. Haz un dibujo y compártelo.